Las Palabras Ocultas

Las Palabras Ocultas

Bahá'u'lláh

Bahá'í Publishing Trust
Wilmette, Illinois

Bahá'í Publishing Trust, 415 Linden Avenue, Wilmette Illinois
60091-2844

Copyright © 2008 por la Asamblea Espiritual Nacional de los
Bahá'ís de los Estados Unidos de América.
Todos los derechos reservados. Publicado en 2008.
Impreso en los Estados Unidos de America en papel sin ácido ∞

Library of Congress Cataloging-in-Publication Data

Bahá'u'lláh, 1817–1892.
  [Hidden words. Spanish]
  Las palabras ocultas / Bahá'u'lláh.
     p. cm.
  ISBN 978-0-87743-339-2 (alk. paper)
  1. Bahai Faith. I. Title.

  BP362.K318 2008
  297.9'3822—dc22

                                        2008047651

Titulo original en inglés THE HIDDEN WORDS. 1ā impresión 1998
por Editorial Bahá'í España; 2ā impresión 2004, 3ā impresión
2006, 4ā impresión 2008. Primera edición en los Estados Unidos
2008. La presente edición ha sido publicada en colaboración con
Editorial Bahá'í de España.

Las Palabras Ocultas
Premera Parte: Del Árabe

ÉL ES LA GLORIA DE LAS GLORIAS

Esto es lo que ha descendido del reino de gloria, proferido por la lengua de la fuerza y del poder y revelado a los profetas del pasado. Hemos tomado su esencia íntima y la hemos ataviado con la vestidura de la brevedad, como muestra de gracia para los justos, a fin de que sean fieles al convenio de Dios, cumplan Su encomienda en sus vidas y obtengan en el reino del espíritu la joya de la virtud divina.

¡OH HIJO DEL ESPÍRITU!

i primer consejo es éste: Posee un corazón puro, bondadoso y radiante, para que sea tuya una soberanía antigua, imperecedera y perdurable.   1

¡Oh Hijo del Espíritu!

Lo más amado de todo ante Mi vista es la Justicia; no te apartes de ella si Me deseas y no la descuides para que Yo pueda confiar en ti. Con su ayuda verás con tus propios ojos y no por los ojos de otros, y conocerás con tu propio conocimiento y no mediante el conocimiento de tu prójimo. Pondera en tu corazón cómo te corresponde ser. En verdad, la justicia es Mi ofrenda a ti y el signo de Mi amorosa bondad. Tenla pues ante tus ojos. 2

¡OH HIJO DEL HOMBRE!

Velado en Mi ser inmemorial y en la antigua eternidad de Mi esencia, conocí Mi amor por ti; por eso te creé, grabé en ti Mi imagen y te revelé Mi belleza. 3

¡OH HIJO DEL HOMBRE!

Amé tu creación, por eso te creé. Por tanto, ámame para que mencione tu nombre y llene tu alma con el espíritu de vida.   4

¡OH HIJO DEL SER!

mame, para que Yo te ame. Si tú no Me amas, Mi amor no puede de ningún modo alcanzarte. Sábelo, oh siervo. 5

¡OH HIJO DEL SER!

Tu Paraíso es Mi amor; tu morada celestial, la reunión conmigo. Entra en ella y no tardes. Esto es lo que ha sido destinado para ti en nuestro reino de lo alto y en nuestro exaltado dominio.

6

¡OH HIJO DEL HOMBRE!

i Me amas, despréndete de ti mismo; y si buscas Mi complacencia, no consideres la tuya, a fin de que mueras en Mí y Yo viva en ti eternamente.

7

¡OH HIJO DEL ESPÍRITU!

Para ti no habrá paz, a menos que renuncies a ti mismo y te vuelvas hacia Mí; puesto que te incumbe gloriarte en Mi nombre y no en el tuyo; poner tu confianza en Mí y no en ti mismo, ya que deseo ser amado Yo solo y por encima de todo cuanto existe.

8

¡OH HIJO DEL SER!

i amor es Mi fortaleza; quien entra en ella está salvo y seguro, y aquel que se aparta, sin duda se extraviará y perecerá. 9

¡OH HIJO DE LA EXPRESIÓN!

Tú eres Mi fortaleza; entra en ella para que estés a salvo. Mi amor está en ti, conócelo, para que Me encuentres cerca de ti.   10

¡OH HIJO DEL SER!

ú eres Mi lámpara y Mi luz está en ti. Obtén de ella tu resplandor y no busques a nadie sino a Mí. Pues te he creado rico y he derramado generosamente Mi favor sobre ti. 11

¡Oh Hijo del Ser!

Con las manos del poder te hice y con los dedos de la fuerza te creé; y dentro de ti deposité la esencia de Mi luz. Conténtate con ella y no busques nada más, pues Mi obra es perfecta y Mi mandato es ineludible. No lo cuestiones ni lo pongas en duda. 12

¡OH HIJO DEL ESPÍRITU!

Te creé rico, ¿por qué te reduces a la pobreza? Te hice noble, ¿por qué te degradas a ti mismo? De la esencia del conocimiento te di el ser, ¿por qué buscas esclarecimiento en alguien fuera de Mí? De la arcilla del amor te moldeé, ¿cómo puedes ocuparte con otro? Vuelve tu vista hacia ti mismo, para que Me encuentres estando firme dentro de ti, fuerte, poderoso y autosubsistente. 13

¡Oh Hijo del Hombre!

Tú eres Mi dominio y Mi dominio no perece, ¿por qué temes perecer? Tú eres Mi luz y Mi luz jamás será extinguida, ¿por qué temes la extinción? Tú eres Mi gloria y Mi gloria no se desvanece; tú eres Mi manto y Mi manto no se desgastará nunca. Permanece, pues, en tu amor hacia Mí, para que puedas encontrarme en el reino de la gloria. 14

¡OH HIJO DE LA EXPRESIÓN!

Vuelve tu rostro hacia el mío y renuncia a todo salvo a Mí; pues Mi soberanía perdura y Mi dominio no perece. Si buscaras a otro fuera de Mí, es más, si explorases eternamente el universo, tu búsqueda sería en vano. 15

¡OH HIJO DE LA LUZ!

lvídate de todo menos de Mí y comulga con Mi espíritu. Esto es de la esencia de Mi mandato; vuélvete, pues, hacia ello. 16

¡OH HIJO DEL HOMBRE!

onténtate conmigo y no busques a otro que te ayude; pues nunca podrá bastarte nadie sino Yo.   17

¡OH HIJO DEL ESPÍRITU!

No Me pidas lo que no deseamos para ti; conténtate, pues, con lo que hemos ordenado para ti, porque esto es lo que te beneficia, si con ello te contentas.

18

¡OH HIJO DE LA MARAVILLOSA VISIÓN!

Te he infundido un hálito de Mi propio Espíritu para que seas Mi amante. ¿Por qué Me has abandonado y has buscado a otro amado fuera de Mí? 19

¡OH HIJO DEL ESPÍRITU!

Mi derecho sobre ti es grande; no puede ser olvidado. Mi gracia para contigo es abundante; no puede ser velada. Mi amor ha fijado en ti su hogar; no puede ser ocultado. Mi luz te es manifiesta; no puede ser oscurecida. 20

¡OH HIJO DEL HOMBRE!

En el árbol de refulgente gloria he dispuesto para ti los frutos más selectos, ¿por qué te has apartado y te has contentado con lo que es menos bueno? Vuelve, pues, a lo que es mejor para ti en el reino de lo alto.   21

¡Oh Hijo del Espíritu!

Te he creado noble; sin embargo tú te has degradado a ti mismo. Elévate, pues, a aquello para lo que fuiste creado.   22

¡OH HIJO DEL SUPREMO!

e llamo a lo eterno; mas tú buscas lo que perece. ¿Qué te ha hecho apartarte de Nuestro deseo y buscar el tuyo? 23

¡OH HIJO DEL HOMBRE!

o traspases tus límites, ni reclames lo que no te corresponde. Póstrate ante el semblante de tu Dios, el Señor de la fuerza y del poder. **24**

¡OH HIJO DEL ESPÍRITU!

No te vanaglories por encima del pobre, pues a él le guío en su camino y a ti te contemplo en tu lamentable condición y te maldigo para siempre. 25

¡OH HIJO DEL SER!

ómo has podido olvidar tus propias faltas y ocuparte de las faltas de los demás? Quien así obra es maldecido por Mí. 26

¡OH HIJO DEL HOMBRE!

No murmures los pecados de otros mientras tú mismo seas un pecador. Si desobedecieras este mandato serías maldecido y esto Yo lo atestiguo.

27

¡Oh Hijo del Espíritu!

Sabe de una verdad: aquel que ordena a los hombres ser justos y él mismo comete iniquidad, no es de los Míos, aunque lleve Mi nombre.

28

¡OH HIJO DEL SER!

No atribuyas a ningún alma lo que no te habrías atribuido a ti y no digas aquello que no haces. Este es Mi mandato para ti; obsérvalo. 29

¡OH HIJO DEL HOMBRE!

No deniegues a Mi siervo si te pidiera algo, pues su rostro es Mi rostro: avergüénzate, pues, ante Mí.

¡OH HIJO DEL SER!

Pídete cuentas a ti mismo cada día, antes de que seas llamado a rendirlas; pues la muerte te llegará sin aviso y serás llamado a dar cuenta de tus actos. 31

¡Oh Hijo del Supremo!

He hecho de la muerte una mensajera de alegría para ti. ¿Por qué te afliges? He hecho que la luz resplandezca sobre ti. ¿Por qué te ocultas de ella? 32

¡OH HIJO DEL ESPÍRITU!

Con las gozosas nuevas de la luz Yo te saludo: ¡regocíjate! A la corte de santidad te llamo; permanece en ella para que puedas vivir en paz eternamente. 33

¡OH HIJO DEL ESPÍRITU!

El espíritu de santidad lleva hasta ti las gozosas nuevas de la reunión; ¿por qué te afliges? El espíritu del poder te confirma en su causa; ¿por qué te ocultas? La luz de su semblante te guía; ¿cómo puedes extraviarte? 34

¡OH HIJO DEL HOMBRE!

No te aflijas a menos que estés lejos de Nosotros ni te regocijes a menos que te acerques y te vuelvas a Nosotros. 35

¡OH HIJO DEL HOMBRE!

Regocíjate en la alegría de tu corazón, para que seas digno de encontrarme y de reflejar Mi belleza. 36

¡OH HIJO DEL HOMBRE!

No te despojes de Mi hermoso manto, ni pierdas tu parte de Mi fuente maravillosa, para que no tengas sed nunca más.

37

¡OH HIJO DEL SER!

Guarda Mis decretos por amor a Mí y niégate a ti mismo aquello que deseas, si buscas Mi agrado.   38

¡OH HIJO DEL HOMBRE!

No descuides Mis mandatos si amas Mi belleza, ni olvides Mis consejos si quieres alcanzar Mi complacencia. 39

¡Oh Hijo del Hombre!

Aunque atravesaras veloz la inmensidad del espacio y recorrieras la extensión del cielo, aún no encontrarías paz salvo en la sumisión a nuestro mandato y en la humildad ante nuestro semblante.

40

¡Oh Hijo del Hombre!

Enaltece Mi causa para que te revele los misterios de Mi grandeza y brille sobre ti con la luz de la eternidad. 41

¡OH HIJO DEL HOMBRE!

Sé humilde ante Mí, para que Yo te visite misericordiosamente. Levántate para el triunfo de Mi causa, a fin de que estando aún en la tierra obtengas la victoria.   42

¡OH HIJO DEL SER!

Haz mención de Mí en Mi tierra, para que Yo te recuerde en Mi cielo; así encontrarán solaz Mis ojos y los tuyos.   43

¡OH HIJO DEL TRONO!

Tu oído es Mi oído, oye con él. Tu vista es Mi vista, mira con ella, para que en lo más íntimo de tu alma atestigües Mi exaltada santidad, y Yo dentro de Mi ser dé testimonio de una exaltada posición para ti. **44**

¡OH HIJO DEL SER!

Busca una muerte de mártir en Mi sendero, contento con Mi voluntad y agradecido con lo que Yo ordeno, para que reposes conmigo bajo del dosel de majestad tras el tabernáculo de gloria.   45

¡OH HIJO DEL HOMBRE!

Pondera y reflexiona. ¿Es tu deseo morir en tu lecho o derramar tu sangre en el polvo, un mártir en Mi sendero, y así llegar a ser la manifestación de Mi mandato y el revelador de Mi luz en el más alto paraíso? Juzga como es debido, ¡oh siervo!

46

¡OH HIJO DEL HOMBRE!

Por Mi belleza! Teñir tus cabellos con tu sangre es más grande ante Mi vista que la creación del universo y la luz de ambos mundos. Esfuérzate, pues, por alcanzarlo, ¡oh siervo! 47

¡OH HIJO DEL HOMBRE!

Hay un signo para cada cosa. El signo del amor es la fortaleza en Mi decreto y la paciencia ante Mis pruebas. 48

¡Oh Hijo del Hombre!

El verdadero amante ansía la tribulación como el rebelde anhela el perdón y el pecador la misericordia. 49

¡OH HIJO DEL HOMBRE!

Si no te sobreviniese la adversidad en Mi sendero, ¿cómo podrías seguir los caminos de quienes están contentos con Mi voluntad? Si no te afligiesen las pruebas en tu anhelo por encontrarme, ¿cómo alcanzarías la luz en tu amor por Mi belleza? 50

¡OH HIJO DEL HOMBRE!

Mi calamidad es Mi providencia, aparentemente es fuego y venganza, pero por dentro es luz y misericordia. Apresúrate hacia ella para que te conviertas en una luz eterna y un espíritu inmortal. Este es Mi mandato para ti; obsérvalo. 51

¡OH HIJO DEL HOMBRE!

Si te llegase la prosperidad, no te regocijes y, si te sobreviniese la humillación, no te aflijas, pues ambas pasarán y dejarán de ser. 52

¡OH HIJO DEL SER!

Si te sorprende la pobreza, no te entristezcas; pues a tiempo te visitará el Señor de la riqueza. No temas la humillación, pues algún día descansará sobre ti la gloria. 53

¡OH HIJO DEL SER!

Si pones tu corazón en este dominio eterno e imperecedero, y en esta vida antigua y perdurable, renuncia a esa soberanía mortal y pasajera.   54

¡OH HIJO DEL SER!

No te ocupes con este mundo, pues con fuego probamos el oro y con oro probamos a nuestros siervos. 55

¡OH HIJO DEL HOMBRE!

Tú anhelas el oro y Yo deseo que te libres de él. Te consideras rico al poseerlo y Yo reconozco tu riqueza en que te santifiques de él. ¡Por Mi vida! Esto es Mi conocimiento y aquello es tu fantasía; ¿Cómo puede Mi propósito concordar con el tuyo? 56

¡Oh Hijo del Hombre!

Dispensa Mi riqueza a Mis pobres, para que en el cielo participes de la abundancia de esplendor inmarcesible y de los tesoros de gloria imperecedera. Pero, ¡por Mi vida! ofrendar tu alma es algo más glorioso, si tan sólo pudieras ver con Mi ojo. 57

¡OH HIJO DEL HOMBRE!

El templo del ser es Mi trono; purifícalo de todo para que allí Me establezca y habite en él. 58

¡OH HIJO DEL SER!

Tu corazón es Mi morada; santifícalo para Mi descenso. Tu espíritu es Mi lugar de revelación; purifícalo para Mi manifestación. 59

¡OH HIJO DEL HOMBRE!

Pon tu mano en Mi pecho, para que Me eleve sobre ti, radiante y resplandeciente. 60

¡OH HIJO DEL HOMBRE!

Asciende a Mi cielo para que logres el gozo de la reunión y bebas el vino incomparable del cáliz de gloria imperecedera. 61

¡Oh Hijo del Hombre!

Han pasado muchos días sobre ti mientras te ocupabas en tus fantasías y vanas imaginaciones. ¿Hasta cuándo seguirás dormido en tu lecho? Alza tu cabeza del sueño, pues el sol ha ascendido al cenit y tal vez brille sobre ti con la luz de la belleza. 62

¡OH HIJO DEL HOMBRE!

La luz ha brillado sobre ti desde el horizonte del Monte sagrado y el espíritu de la iluminación ha soplado en el Sinaí de tu corazón. Por tanto, líbrate de los velos de ociosas fantasías y entra en Mi corte para que seas digno de la vida eterna y merezcas encontrarme. Así, tal vez no te sobrevenga la muerte, ni la fatiga, ni la aflicción. 63

¡OH HIJO DEL HOMBRE!

Mi eternidad es Mi creación; la he creado para ti. Haz de ella la vestidura de tu templo. Mi unidad es Mi obra; la he forjado para ti; atavíate con ella, para que seas por toda la eternidad la revelación de Mi ser imperecedero. 64

¡OH HIJO DEL HOMBRE!

Mi majestad es Mi dádiva para ti, y Mi grandeza la muestra de Mi misericordia hacia ti. Lo que es propio de Mí nadie lo comprenderá, ni nadie lo podrá contar. Verdaderamente lo he preservado en Mis recintos ocultos y en los tesoros de Mi mandato, como una señal de Mi amorosa bondad hacia Mis siervos y de misericordia hacia Mi pueblo.

¡OH HIJOS DE LA DIVINA E INVISIBLE ESENCIA!

Se os impedirá amarme y las almas serán perturbadas cuando hagan mención de Mí, pues las mentes no pueden comprenderme ni los corazones contenerme.   66

¡OH HIJO DE LA BELLEZA!

¡Por Mi espíritu y por Mi favor! ¡Por Mi misericordia y por Mi belleza! Todo lo que te he revelado con la lengua del poder y he escrito para ti con la pluma de la fuerza, ha sido de acuerdo con tu capacidad y comprensión, no con Mi posición y la melodía de Mi voz.

67

¡Oh Hijos de los Hombres!

No sabéis por qué os hemos creado a todos del mismo polvo? Para que nadie se exalte a sí mismo por encima de otro. Ponderad en todo momento en vuestros corazones cómo fuisteis creados. Puesto que os hemos creado a todos de la misma substancia, os incumbe, del mismo modo, ser como una sola alma, caminar con los mismos pies, comer con la misma boca y habitar en la misma tierra, para que desde lo más íntimo de vuestro ser, mediante vuestros hechos y acciones, se manifiesten los signos de la unicidad y la esencia del desprendimiento. Tal es Mi consejo para vosotros, ¡oh concurso de la luz! Prestad atención a este consejo para que obtengáis el fruto de la santidad del árbol de maravillosa gloria.

68

¡Oh Vosotros Hijos del Espíritu!

Sois Mi tesoro, ya que en vosotros he atesorado las perlas de Mis misterios y las joyas de Mi conocimiento. Protegedlas de los extraños entre Mis siervos y de los impíos entre Mi pueblo. 69

¡Oh Hijo de Aquel que se Alzó por Su Propia Entidad en el Reino de Su Ser!

Sabe que he derramado sobre ti todas las fragancias de santidad, te he revelado plenamente Mi palabra, he perfeccionado a través de ti Mi munificencia y he deseado para ti lo que he deseado para Mí mismo. Conténtate, pues, con Mi voluntad y sé agradecido conmigo. 70

¡OH HIJO DEL HOMBRE!

Escribe con la tinta de la luz, en la tabla de tu espíritu, todo lo que te hemos revelado. Si esto no estuviera en tu poder, haz entonces tu tinta de la esencia de tu corazón. Si no pudieras hacerlo, entonces escribe con aquella tinta carmesí que ha sido derramada en Mi sendero. Esto es, en verdad, más dulce para Mí que todo lo demás, para que su luz perdure para siempre. 71

Las Palabras Ocultas
Segunda Parte: Del Persa

En el Nombre del Señor de la Expresión, el Poderoso.

¡Oh Vosotros que Tenéis Inteligencia para Entender y Oídos para Escuchar!

El primer llamado del Amado es éste: ¡Oh ruiseñor místico! No habites sino en el rosedal del espíritu. ¡Oh mensajero del Salomón del amor! No busques refugio sino en el Sabá del bienamado. Y, ¡oh fénix inmortal! No mores salvo en el monte de la fidelidad. Esta es tu morada, si con las alas de tu alma te remontas hacia el reino del infinito y tratas de alcanzar tu meta. 1

¡OH HIJO DEL ESPÍRITU!

El pájaro busca su nido; el ruiseñor, el encanto de la rosa; mientras que esos pájaros, los corazones de los hombres, contentos con el polvo transitorio, se han extraviado lejos de su nido eterno y con los ojos puestos en la negligencia más profunda están desprovistos de la gloria de la presencia divina. ¡Ay! Qué extraño y lamentable; por un mero sorbo, se han apartado de los ondeantes mares del Altísimo y han permanecido lejos del horizonte más glorioso.

2

¡Oh Amigo!
En el jardín de tu corazón no plantes sino la rosa del amor, y no te desligues del ruiseñor del afecto y del deseo. Atesora la compañía de los justos y elude toda asociación con los impíos. 3

¡OH HIJO DE LA JUSTICIA!

¿A dónde puede ir un amante sino a la tierra de su amada? ¿Y qué buscador encuentra descanso lejos del deseo de su corazón? Para el verdadero amante la reunión es vida y la separación es muerte. Su pecho está desprovisto de paciencia y su corazón no tiene paz. A una miríada de vidas renunciaría él para apresurarse a la morada de su amada. 4

¡OH HIJO DEL POLVO!

En verdad te digo: de todos los hombres el más negligente es aquel que disputa inútilmente y trata de sobresalir por encima de su hermano. Di: ¡Oh hermanos! Que las acciones, y no las palabras, sean vuestro adorno.

¡OH HIJO DE LA TIERRA!

Sabe, ciertamente, que el corazón en el que aún perdure el menor remanente de envidia, nunca alcanzará Mi dominio eterno, ni aspirará los dulces aromas de santidad que emanan de Mi sagrado reino.

6

¡OH HIJO DEL AMOR!

Estás sólo a un paso de las gloriosas alturas y del árbol celestial del amor. Da un paso y con el siguiente avanza hacia el reino inmortal y entra en el pabellón de la eternidad. Presta oído, pues, a lo que ha sido revelado por la Pluma de Gloria.

¡Oh Hijo de la Gloria!

Sé diligente en el sendero de santidad y entra en el cielo de comunión conmigo. Limpia tu corazón con el bruñidor del espíritu y apresúrate hacia la corte del Altísimo. 8

¡OH SOMBRA FUGAZ!

Rebasa las bajas etapas de la duda y elévate a las exaltadas alturas de la certeza. Abre el ojo de la verdad, para que puedas contemplar la Belleza manifiesta y exclames: ¡Santificado sea el Señor, el más excelente de todos los creadores! 9

¡OH HIJO DEL DESEO!

Presta oído a esto: Nunca el ojo mortal reconocerá la Belleza eterna, ni el corazón sin vida se deleitará en algo sino en la flor marchita. Pues lo semejante busca su semejante y se complace en la compañía de su especie. 10

¡OH HIJO DEL POLVO!

Ciega tus ojos, para que veas Mi belleza; tápate los oídos para que oigas la dulce melodía de Mi voz; vacíate de todo saber, para que compartas Mi conocimiento; y santifícate de las riquezas, para que obtengas una parte perdurable del océano de Mi eterna riqueza. Ciega tus ojos, esto es, a todo salvo a Mi belleza; tápate los oídos a todo excepto a Mi palabra; vacíate de todo saber salvo del conocimiento de Mí, para que con una visión clara, un corazón puro y un oído atento, entres en la corte de Mi santidad. 11

¡Oh Hombre de Dos Visiones!

Cierra un ojo y abre el otro. Cierra uno al mundo y todo lo que hay en él, y abre el otro a la sagrada belleza del Amado. **12**

¡OH MIS HIJOS!

Temo que, privados de la melodía de la paloma celestial, os hundáis nuevamente en las sombras de la perdición absoluta y, sin haber contemplado nunca la belleza de la rosa, retornéis al agua y a la arcilla. 13

¡Oh Amigos!

No abandonéis la belleza eterna por una belleza que ha de morir, ni pongáis vuestro afecto en este mundo mortal de polvo. 14

¡Oh Hijo del Espíritu!

Llegará el tiempo en que el ruiseñor de santidad ya no revelará los misterios íntimos y estaréis todos privados de la melodía celestial y de la voz que proviene de lo alto. 15

¡Oh Esencia de la Negligencia!

Miríadas de lenguas místicas se expresan en un lenguaje y miríadas de misterios ocultos son revelados en una sola melodía; pero, ¡ay!, no existe oído que escuche ni corazón que comprenda.

16

¡OH COMPAÑEROS!

Las puertas orientadas hacia el Irrestringido están abiertas de par en par y la habitación del amado está adornada con la sangre de los amantes; sin embargo, todos salvo unos pocos siguen privados de esta ciudad celestial, y aún entre estos pocos no se ha encontrado más que un puñado insignificante con el corazón puro y el espíritu santificado. 17

¡Oh Vosotros Moradores del Más Alto Paraíso!

Proclamad a los hijos de la certeza que en los reinos de santidad, cerca del paraíso celestial, ha aparecido un nuevo jardín, alrededor del cual circulan los habitantes del reino de lo alto y los moradores inmortales del exaltado paraíso. Esforzaos, pues, por alcanzar esa posición, para que de sus anémonas desenmarañéis los misterios del amor, y de sus frutos eternos aprendáis el secreto de la divina y consumada sabiduría. ¡Solazados son los ojos de quienes entran y moran en él!   18

¡Oh Mis Amigos!

Habéis olvidado aquella verdadera y radiante mañana, cuando en aquellas sagradas y benditas cercanías estabais todos reunidos en Mi presencia, a la sombra del árbol de la vida, que está plantado en el paraíso todo glorioso? Sobrecogidos escuchasteis cuando pronuncié estas tres santísimas palabras: ¡Oh amigos! No prefiráis vuestra voluntad a la Mía; nunca deseéis aquello que Yo no he deseado para vosotros, y no os acerquéis a Mí con corazones sin vida, manchados de deseos y anhelos mundanos. Si tan sólo santificarais vuestras almas, en este mismo instante recordaríais aquel lugar y aquellas cercanías, y la verdad de Mis palabras se haría evidente para todos vosotros. 19

En la octava de las más santas líneas, en la quinta Tabla del Paraíso, Él dice:

¡Oh Vosotros que Yacéis como Muertos en el Lecho de la Negligencia!

Han pasado siglos y vuestras preciosas vidas están casi acabadas; sin embargo, ni un sólo hálito de pureza ha llegado de vosotros hasta Nuestra corte de santidad. Aunque sumergidos en el océano de la incredulidad, sin embargo con vuestros labios profesáis la única y verdadera fe de Dios. Aquel a quien Yo detesto, vosotros le habéis amado, y de Mi enemigo habéis hecho un amigo. No obstante, camináis sobre Mi tierra complacidos y satisfechos de vosotros mismos, sin reparar en que Mi tierra está cansada de vosotros y que todo cuanto hay en ella os rehuye. Si sólo abrierais vuestros ojos, en verdad preferiríais una miríada de aflicciones a esta alegría y consideraríais la muerte misma mejor que esta vida.

20

¡OH FORMA MÓVIL DE POLVO!

Yo deseo la comunión contigo, pero tú no confías en Mí. La espada de tu rebelión ha derribado el árbol de tu esperanza. Estoy cerca de ti en todo momento, pero tú estás siempre lejos de Mí. He escogido gloria imperecedera para ti, pero tú has elegido vergüenza sin límite para ti mismo. Mientras aún haya tiempo, vuelve y no pierdas tu oportunidad.   21

¡Oh Hijo del Deseo!

Los doctos y los sabios se han esforzado durante largos años y no han podido alcanzar la presencia del Todo Glorioso; han dedicado sus vidas a Su búsqueda y sin embargo no contemplaron la belleza de Su semblante. Tú, sin el menor esfuerzo, alcanzaste tu meta y, sin buscar, has logrado el objeto de tu búsqueda. Pero, a pesar de esto, permaneciste tan envuelto en el velo del yo, que tus ojos no contemplaron la belleza del Amado ni tus manos tocaron el borde de Su manto. Vosotros que tenéis ojos, contemplad y maravillaos. 22

¡Oh Habitantes de la Ciudad del Amor!

Ráfagas mortales han acosado al cirio eterno y la belleza del Joven celestial está velada en la oscuridad del polvo. El príncipe de los monarcas del amor está agraviado por el pueblo de la tiranía y la paloma de santidad está presa en las garras de las lechuzas. Los habitantes del pabellón de gloria y el concurso celestial lloran y se lamentan, mientras que vosotros reposáis en el reino de la negligencia y os consideráis entre los verdaderos amigos. ¡Cuán vanas son vuestras imaginaciones! 23

¡Oh Vosotros que Sois Necios pero Tenéis Fama de ser Sabios!

Por qué os disfrazáis de pastores, cuando interiormente os habéis vuelto lobos al acecho de Mi rebaño? Sois como la estrella que sale antes del alba y que, aunque parece brillante y luminosa, descarría a los viajeros de Mi ciudad hacia los senderos de la perdición. 24

¡Oh Vosotros que Parecéis Bellos pero por Dentro Sois Viles!

Sois como agua clara pero amarga, que aparentemente es pura y cristalina pero de la cual, al ser probada por el divino Catador, ni una gota es aceptada. Sí, el rayo de sol cae por igual sobre el polvo y el espejo; sin embargo, difieren en el reflejo, del mismo modo que la estrella de la tierra; más aún, ¡inmensurable es la diferencia! 25

¡OH MI AMIGO DE PALABRA!

Pondera un momento. ¿Has oído alguna vez que amigo y enemigo habiten en un mismo corazón? Expulsa entonces al extraño, para que el Amigo entre en Su morada.

¡Oh Hijo del Polvo!

Todo lo que hay en el cielo y en la tierra lo he dispuesto para ti, salvo el corazón humano, que lo he hecho el aposento de Mi belleza y de Mi gloria; sin embargo, diste Mi hogar y Mi morada a otro y no a Mí; y siempre que la manifestación de Mi santidad buscaba su propia residencia, encontraba allí a un extraño y, sin hogar, se apresuraba hacia el santuario del Amado. No obstante, he guardado tu secreto y no he deseado tu vergüenza. 27

¡OH ESENCIA DEL DESEO!

Muchas madrugadas he venido a tu morada desde los reinos del Irrestringido y te he encontrado en el lecho de la comodidad ocupado con otros fuera de Mí. Por eso, como el rayo del espíritu, volví a los reinos de gloria celestial y no lo mencioné a las huestes de santidad en Mis retiros de lo alto. **28**

¡OH HIJO DE LA MUNIFICENCIA!

De los desiertos de la nada, con la arcilla de Mi mandato, te hice aparecer y dispuse para tu educación cada átomo existente y la esencia de todo lo creado. Así, antes de que salieras del vientre de tu madre, destiné para ti dos manantiales de reluciente leche, ojos que velasen por ti y corazones que te amasen. Por Mi amorosa bondad, a la sombra de Mi misericordia te crié, y por la esencia de Mi gracia y Mi favor cuidé de ti. Y Mi propósito en todo esto era que tu alcanzaras Mi dominio perdurable y te hicieras merecedor de Mis invisibles ofrendas. Y sin embargo, permaneciste desatento y, cuando hubiste crecido, olvidaste todas Mis munificencias y te ocupaste con tus ociosas imaginaciones, de tal modo que te volviste completamente olvidadizo y, apartándote de los portales del Amigo, moraste en las cortes de Mi enemigo. 29

¡Oh Esclavo Cautivo del Mundo!

Muchos amaneceres la brisa de Mi amorosa bondad sopló sobre ti y te halló profundamente dormido en el lecho de la negligencia. Lamentando entonces tu condición, regresó al lugar de donde venía.

30

¡OH HIJO DE LA TIERRA!

Si Me deseas, no busques a nadie más que a Mí; y si quieres contemplar Mi belleza, cierra tus ojos al mundo y a todo lo que hay en él; pues Mi voluntad y la voluntad de otro que no sea Yo, al igual que el fuego y el agua, no pueden morar juntas en un mismo corazón. 31

¡OH AMPARADO EXTRAÑO!

El cirio de tu corazón está encendido por la mano de Mi poder, no lo extingas con los vientos adversos del yo y la pasión. El sanador de todos tus males es el recuerdo de Mí, no lo olvides. Haz de Mi amor tu tesoro y estímalo igual que a tu misma vista y a tu propia vida. 32

¡OH MI HERMANO!

Escucha las deleitosas palabras de Mi melosa lengua y bebe el torrente de santidad mística de Mis labios azucarados. Siembra las semillas de Mi sabiduría divina en la tierra pura de tu corazón y riégalas con el agua de la certeza, para que los jacintos de Mi conocimiento y sabiduría broten frescos y verdes en la sagrada ciudad de tu corazón. 33

¡Oh Moradores de Mi Paraíso!

Con las manos de amorosa bondad he plantado en el jardín sagrado del paraíso, el joven árbol de vuestro amor y amistad y lo he regado con las abundantes lluvias de Mi gracia compasiva; ahora que el tiempo de su frutecer ha llegado, esforzaos para que sea protegido y no sea consumido por las llamas del deseo y la pasión. **34**

¡Oh Mis Amigos!

Apagad la lámpara del error y encended en vuestros corazones la antorcha perdurable de la guía divina. Pues dentro de poco los ensayadores de la humanidad, no aceptarán en la santa presencia del Adorado nada salvo la más pura virtud y las acciones de santidad inmaculada. 35

¡Oh Hijo del Polvo!

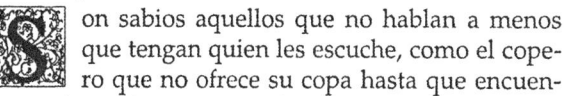

Son sabios aquellos que no hablan a menos que tengan quien les escuche, como el copero que no ofrece su copa hasta que encuentra un buscador, y como el amante que no exclama desde lo más hondo de su corazón hasta que contempla la belleza de su amada. Por tanto, siembra las semillas de la sabiduría y del conocimiento en la tierra pura del corazón, y manténlas ocultas hasta que los jacintos de la divina sabiduría broten del corazón y no del lodo y la arcilla.

Está registrado y escrito en la primera línea de la Tabla, y oculto en el santuario del tabernáculo de Dios:

¡OH MI SIERVO!

No abandones un dominio eterno por aquello que perece y no deseches la soberanía celestial por un deseo mundano. Este es el río de vida eterna que ha fluido del manantial de la pluma del misericordioso; ¡dichosos aquellos que beben! 37

¡OH HIJO DEL ESPÍRITU!

Rompe tu jaula y como el fénix del amor remóntate al firmamento de santidad. Renuncia a ti mismo y, lleno del espíritu de misericordia, habita en el reino de la santidad celestial. 38

¡OH VÁSTAGO DEL POLVO!

No te contentes con la comodidad de un día pasajero y no te prives del descanso eterno. No trueques el jardín de delicia eterna por el cúmulo de polvo de un mundo mortal. Asciende desde tu prisión a los gloriosos prados de lo alto y desde tu jaula mortal alza tu vuelo hacia el paraíso del Irrestringido.

39

¡OH MI SIERVO!

Libérate de las cadenas de este mundo y suelta tu alma de la prisión del yo. Aprovecha tu oportunidad, pues no volverá a ti nunca más.   40

¡OH HIJO DE MI SIERVA!

Si contemplaras la soberanía inmortal, te esforzarías por abandonar este mundo efímero. Pero ocultarte el uno y revelarte el otro es un misterio que nadie sino el puro de corazón puede comprender.

41

¡OH MI SIERVO!

Purifica tu corazón de la malevolencia y, libre de envidia, entra en la divina corte de santidad. 42

¡OH MIS AMIGOS!

Caminad en las sendas del agrado del Amigo y sabed que Su complacencia está en la complacencia de Sus criaturas. Esto es: ningún hombre debe entrar en la casa de su amigo si no es con su beneplácito, ni poner las manos sobre sus bienes, ni preferir su propia voluntad a la de su amigo, y de ningún modo buscar una ventaja sobre él. ¡Ponderad esto, vosotros que tenéis entendimiento! 43

¡Oh Compañero de Mi Trono!

No escuches lo malo ni lo mires, no te degrades a ti mismo, ni suspires ni llores. No hables lo malo, para que no lo oigas decir a ti, y no agrandes las faltas de los demás para que tus propias faltas no parezcan grandes; y no desees la degradación de nadie, para que no se exponga tu propia degradación. Vive pues los días de tu vida, que son menos que un momento efímero, con tu mente limpia, tu corazón inmaculado, tus pensamientos puros y tu naturaleza santificada, para que libre y contento te desprendas de este cuerpo mortal, te dirijas al paraíso místico y habites en el reino eterno para siempre. **44**

¡Ay, Ay, Oh Amantes del Deseo Mundano!

Con la velocidad del rayo habéis pasado de largo al Amado y habéis puesto vuestros corazones en fantasías satánicas. Os hincáis de rodillas ante vuestra vana imaginación y la llamáis verdad. Volvéis vuestros ojos hacia la espina y la denomináis flor. No habéis exhalado un sólo hálito de pureza, ni ha soplado la brisa del desprendimiento desde los prados de vuestros corazones. Habéis arrojado a los vientos los amorosos consejos del Bienamado y los habéis borrado completamente de las tablas de vuestros corazones, y como las bestias del campo vivís y os movéis en los pastos del deseo y la pasión. 45

¡OH HERMANOS EN EL SENDERO!

Por qué habéis descuidado la mención del Amado y habéis permanecido lejos de Su sagrada presencia? La esencia de la belleza está en el pabellón incomparable, situado sobre el trono de gloria, mientras que vosotros os ocupáis con ociosas contiendas. Los dulces aromas de santidad están soplando y el hálito de munificencia flota en el aire, sin embargo, todos estáis gravemente afligidos y privados de ello. ¡Ay de vosotros y de quienes andan en vuestras sendas y siguen vuestros pasos! 46

¡OH HIJOS DEL DESEO!

Desprendeos de la vestidura de la vanagloria y despojaos del atavío de la arrogancia. 47

En la tercera de las más santas líneas, escrita y registrada en la Tabla Rubí por la pluma del Invisible, se revela esto:

¡OH HERMANOS!

Sed indulgentes unos con otros y no pongáis vuestro afecto en las cosas mundanas. No os enorgullezcáis de vuestra gloria, ni os avergoncéis de la degradación. ¡Por Mi belleza! He creado todas las cosas del polvo y al polvo las haré regresar de nuevo.

48

¡OH HIJOS DEL POLVO!

Advertid a los ricos del suspirar de los pobres en medio de la noche, para que la negligencia no los conduzca al sendero de la destrucción y los prive del Árbol de la Riqueza. Dar y ser generoso son de Mis atributos; bienaventurado es aquel que se adorna con Mis virtudes. 49

¡Oh Quintaesencia de la Pasión!

Desecha toda codicia y trata de estar contento; pues el codicioso ha sido siempre despojado, y el contento ha sido siempre amado y elogiado. 50

¡OH HIJO DE MI SIERVA!

No te inquietes en la pobreza ni te confíes en la riqueza, pues la pobreza es seguida por la riqueza y la riqueza es seguida por la pobreza. Sin embargo, ser pobre en todo salvo en Dios es una dádiva maravillosa; no desestimes su valor, pues al final esto te hará rico en Dios, y así conocerás el significado de la expresión: "En verdad vosotros sois los pobres", y las santas palabras: "Dios es el poseedor de todo", alborearán gloriosamente resplandecientes como la verdadera mañana desde el corazón del amante, y morarás seguro en el trono de la riqueza. 51

¡OH HIJOS DE LA NEGLIGENCIA Y LA PASIÓN!
Habéis permitido a Mi enemigo entrar en Mi casa y habéis arrojado a Mi amigo, ya que en vuestros corazones habéis albergado el amor de otro fuera de Mí. Prestad oído a los dichos del Amigo y volveos hacia Su paraíso. Los amigos mundanos, buscando su propio bien, aparentan amarse el uno al otro, en tanto que el verdadero Amigo os ha amado y os ama por vosotros mismos; de hecho, Él ha sufrido innumerables aflicciones por guiaros. No seáis desleales a semejante Amigo, más bien apresuraos hacia Él. Tal es el sol de la palabra de verdad y fidelidad, que ha alboreado sobre el horizonte de la pluma del Señor de todos los nombres. Abrid vuestros oídos para que podáis escuchar la palabra de Dios, el que ayuda en el peligro, el que subsiste por Sí mismo. 52

¡Oh Vosotros que os Enorgullecéis de las Riquezas Mortales!

Sabed en verdad que la riqueza es una poderosa barrera entre el buscador y su deseo, entre el amante y su amada. Los ricos, salvo unos pocos, de ningún modo alcanzarán la corte de Su presencia ni entrarán en la ciudad del contento y la resignación. Bienaventurado es, pues, aquel que siendo rico no es inhibido por su riqueza del reino eterno, ni es privado por ella del dominio imperecedero. ¡Por el Más Gran Nombre! ¡El esplendor de semejante rico iluminará a los moradores del cielo, del mismo modo que el sol alumbra a la gente de la tierra! 53

¡OH RICOS DE LA TIERRA!

Los pobres son Mi encomienda entre vosotros; resguardad Mi encomienda y no estéis absortos sólo en vuestro propio bienestar. 54

¡OH HIJO DE LA PASIÓN!

Purifícate de la corrupción de la riqueza y en perfecta paz entra en el reino de la pobreza; para que puedas beber de la fuente del desprendimiento el vino de la vida inmortal. 55

¡Oh Hijo Mío!

La compañía del impío acrecienta la tristeza, mientras que la asociación con el justo limpia la herrumbre del corazón. Aquel que busca comunicarse con Dios, que acuda a la compañía de Sus amados; y aquel que desee escuchar la palabra de Dios, que preste oído a las palabras de Sus escogidos.

56

¡Oh Hijo del Polvo!

Cuidado! No te juntes con el impío ni busques asociarte con él, pues semejante compañía convierte el resplandor del corazón en fuego infernal. 57

¡Oh Hijo de Mi Sierva!

Si buscas la gracia del Espíritu Santo, asóciate con el justo, pues él ha bebido la copa de la vida eterna de las manos del Copero inmortal y, al igual que la verdadera mañana, aviva e ilumina los corazones de los muertos. 58

¡Oh Negligentes!

No penséis que los secretos de los corazones están ocultos; es más, sabed con certeza que están grabados con caracteres claros y abiertamente manifiestos en la sagrada Presencia. 59

¡Oh Amigos!

En verdad os digo: todo lo que habéis ocultado en vuestros corazones Nos es claro y manifiesto como el día; pero que esté oculto se debe a Nuestra gracia y favor y no a vuestro merecimiento.

60

¡Oh Hijo del Hombre!

He derramado una gota de rocío del insondable océano de Mi misericordia sobre los pueblos del mundo; sin embargo, no he encontrado a nadie que se vuelva hacia ella, puesto que todos se han vuelto del vino celestial de la unidad hacia las detestables heces de la impureza, y contentos con la copa mortal han rechazado el cáliz de la inmortal belleza. Vil es aquello con lo que se contentan. 61

¡OH HIJO DEL POLVO!

No apartes tus ojos del vino incomparable del Amado inmortal, y no los abras a las mortales y detestables heces. Acepta de manos del Copero divino el cáliz de la vida inmortal, para que sea tuya toda sabiduría y escuches la voz mística que llama desde el reino de lo invisible. Exclama: ¡Oh vosotros que tenéis bajas miras! ¿Por qué os habéis apartado de Mi vino sagrado e inmortal y os habéis vuelto hacia el agua evanescente? 62

¡Oh Vosotros Pueblos del Mundo!

Sabed, en verdad, que una calamidad imprevista os persigue y os aguarda un doloroso castigo. No penséis que las acciones que habéis cometido han sido borradas de Mi vista. ¡Por Mi belleza! Todas vuestras acciones las ha grabado Mi pluma con caracteres claros sobre tablas de crisólito. 63

¡OH OPRESORES DE LA TIERRA!

Apartad vuestras manos de la tiranía, pues Me he comprometido a no perdonar la injusticia de ningún hombre. Este es Mi convenio que he decretado irrevocablemente en la tabla preservada y he sellado con Mi sello de gloria. 64

¡OH REBELDES!

Mi indulgencia os ha envalentonado y Mi paciencia os ha vuelto negligentes, de tal modo que habéis espoleado el fogoso corcel de la pasión por caminos peligrosos que conducen a la destrucción. ¿Habéis creído que soy negligente o que no estaba informado? 65

¡OH EMIGRANTES!

He destinado la lengua para la mención de Mí, no la manchéis con la difamación. Si el fuego del yo os venciera, recordad vuestras propias faltas y no las faltas de Mis criaturas, puesto que cada uno de vosotros se conoce a sí mismo mejor que a los demás. 66

¡OH HIJOS DE LA FANTASÍA!

Sabed ciertamente que, cuando la radiante mañana amanezca sobre el horizonte de santidad eterna, los secretos y hechos satánicos cometidos en la oscuridad de la noche serán puestos al descubierto y manifiestos ante los pueblos del mundo. 67

¡Oh Maleza que Brota del Polvo!

Cómo es que estas sucias manos tuyas no han tocado primero tu propia vestimenta, y por qué con tu corazón manchado por el deseo y la pasión intentas comulgar conmigo y entrar en Mi sagrado reino? ¡Lejos, lejos estáis de aquello que deseáis!

¡Oh Hijos de Adán!

Las palabras santas y las acciones puras y buenas ascienden al cielo de gloria celestial. Esforzaos para que vuestras acciones se purifiquen del polvo del yo y la hipocresía, y encuentren favor en la corte de gloria; pues dentro de poco, los ensayadores de la humanidad no aceptarán, en la sagrada presencia del Adorado, nada sino absoluta virtud y acciones de inmaculada pureza. Este es el sol de la sabiduría y del misterio divino que ha resplandecido sobre el horizonte de la voluntad divina. Benditos aquellos que se vuelven hacia él. 69

¡Oh Hijo de lo Mundano!

Grato es el reino del ser, si lo alcanzaras; glorioso es el dominio de la eternidad, si pasaras más allá del mundo de la mortalidad; dulce es el sagrado éxtasis, si bebieras del cáliz místico de manos del Joven celestial. Si lograras esta posición, te librarías de la destrucción y de la muerte, de la penuria y del pecado.

70

¡Oh Mis Amigos!

Recordad aquel convenio que hicisteis conmigo en el Monte Párán, situado en los sagrados recintos de Zamán. Tomé como testigos al concurso de lo alto y a los moradores de la ciudad de la eternidad, sin embargo, ahora no encuentro a nadie fiel al convenio. Sin duda el orgullo y la rebeldía lo han borrado de los corazones, de modo tal que no queda de él ningún rastro. Aun sabiendo esto, he esperado y no lo he revelado. 71

¡OH MI SIERVO!

Eres como una espada de excelente temple, oculta en la oscuridad de su vaina y cuyo valor está velado al conocimiento del artífice. Sal por tanto de la vaina del yo y del deseo para que tu valor se manifieste y resplandezca ante todo el mundo.

72

¡OH MI AMIGO!

Tú eres el sol de los cielos de Mi santidad, no dejes que la corrupción del mundo eclipse tu esplendor. Rasga el velo de la negligencia para que emerjas resplandeciente de detrás de las nubes y adornes todas las cosas con el atavío de la vida. 73

¡Oh Hijos de la Vanagloria!

Por una soberanía efímera habéis abandonado Mi dominio imperecedero y os habéis adornado con las alegres vestimentas del mundo y habéis hecho de ello vuestro orgullo. ¡Por Mi belleza! A todos los reuniré bajo la capa unicolor del polvo y borraré todos esos colores diferentes salvo aquellos que elijan el Mío, y eso es purificarse de todo color.   **74**

¡Oh Hijos de la Negligencia!

No pongáis vuestro afecto en la soberanía mortal, ni os regocijéis en ella. Sois como el pájaro incauto que plenamente confiado gorjea sobre la rama; hasta que de repente la Muerte cazadora lo derriba sobre el polvo, y la melodía, la forma y el color desaparecen sin dejar rastro. Por tanto, tened cuidado, ¡oh esclavos del deseo! 75

¡OH HIJO DE MI SIERVA!

La guía ha sido dada siempre con palabras, y ahora es dada con hechos. Todos deben manifestar acciones puras y santas, pues las palabras son propiedad de todos por igual, en tanto que acciones como éstas pertenecen sólo a Nuestros amados. Esforzaos, pues, con alma y corazón para distinguiros por vuestras acciones. Así os aconsejamos en esta santa y resplandeciente tabla. **76**

¡OH HIJO DE LA JUSTICIA!

Durante la noche la belleza del Ser inmortal se trasladó desde la cima esmeralda de la fidelidad hacia el Sadratu'l-Muntahá, y lloró con tal llanto que el concurso de lo alto y los moradores de los reinos del cielo gimieron por Su lamento. Entonces, se oyó la pregunta: ¿por qué esos lamentos y esos llantos? Él respondió: Como se me ordenara esperé expectante en la montaña de la lealtad, mas no aspiré la fragancia de fidelidad de quienes habitan en la tierra. Luego, llamado a regresar contemplé, y ¡he aquí! algunas palomas de santidad eran atormentadas por las garras de los perros de la tierra. Entonces la Doncella del cielo salió apresuradamente, sin velos y resplandeciente, de Su mística mansión, y preguntó por sus nombres, y todos fueron mencionados salvo uno. Y cuando se instó, su primera letra fue pronunciada; entonces los moradores de los aposentos celestiales salieron precipitadamente de sus moradas de gloria. Y cuando la segunda letra fue pronunciada, cayeron sobre el polvo todos y cada uno de ellos. En ese momento se oyó una voz desde el santuario más íntimo: "Hasta aquí y no más". En verdad, damos testimonio de lo que han hecho y de lo que están haciendo ahora. 77

¡OH HIJO DE MI SIERVA!

Bebe de la lengua del misericordioso el torrente de misterio divino y contempla desde el amanecer de la expresión divina el esplendor manifiesto del sol de la sabiduría. Siembra las semillas de Mi sabiduría divina en la tierra pura del corazón y riégalas con las aguas de la certeza, para que los jacintos del conocimiento y sabiduría broten verdes y frescos desde la sagrada ciudad del corazón.

¡OH HIJO DEL DESEO!

Hasta cuándo te remontarás en los reinos del deseo? Te he otorgado alas para que vueles hacia los reinos de mística santidad y no hacia las regiones de fantasía satánica. También te he dado un peine para que peines Mis negros cabellos y no para que laceres Mi garganta. 79

¡OH MIS SIERVOS!

Vosotros sois los árboles de Mi jardín; debéis dar frutos excelentes y maravillosos para que vosotros mismos y otros os beneficiéis de ellos. Así, incumbe a todos ocuparse en oficios y profesiones, pues en esto se basa el secreto de la riqueza, ¡oh hombres dotados de entendimiento! Ya que los resultados dependen de los medios y la gracia de Dios os será totalmente suficiente. Los árboles que no dan fruto, han sido y serán siempre para el fuego. 80

¡OH MI SIERVO!

Los más viles de los hombres son aquellos que no dan ningún fruto en la tierra. Tales hombres son en verdad considerados entre los muertos; es más, ante la vista de Dios, mejores son los muertos que esas almas ociosas e inútiles. 81

¡OH MI SIERVO!

Los mejores de los hombres son aquellos que se ganan el sustento con su profesión y lo gastan en sí mismos y en sus familias por amor a Dios, el Señor de todos los mundos. 82

La mística y maravillosa Novia, oculta antes bajo el velo de la expresión, se ha hecho manifiesta ahora por la gracia de Dios y Su divino favor, al igual que la resplandeciente luz irradiada por la belleza del Amado. Atestiguo, ¡oh amigos!, que el favor es completo, el argumento cumplido, la prueba manifiesta y la evidencia establecida. Que se vea ahora lo que revelarán vuestros esfuerzos en el sendero del desprendimiento. De este modo el favor divino os ha sido otorgado completamente a vosotros y a quienes están el cielo y en la tierra. Toda alabanza sea para Dios, el Señor de todos los Mundos.

GLOSARIO

1- *Concurso de lo Alto:* 'Concurso Celestial'. Las 'huestes del Concurso Supremo del cielo'. La asamblea de los Profetas y las almas santas en el mundo venidero o reino espiritual.

2- *Ensayadores:* Del Persa: *Sarráfín.* El que tiene por oficio ensayar los metales preciosos.

3- *Fénix:* Ave legendaria que vive sola y por su propia voluntad es consumida por las llamas, para surgir nuevamente de entre sus cenizas.

4- *Más Gran Nombre:* En el Islám existe la tradición de que de entre los diversos nombres de Dios, uno es el más grande. Sin embargo, la identidad de este Nombre Más Grande está oculta. Los bahá'ís creemos que el Nombre Más Grande de Dios es Bahá, el cual significa gloria, esplendor o luz. Bahá, o cualquiera de sus derivados tales como Abhá, además de ciertas frases como Alláh'u'-Abhá, Yá Bahá'u'lláh o Yá Baha'u'l-Abhá, todos se refieren al Nombre más Grande. Yá Bahá'u'l-Abhá es una invocación que también puede traducirse como: 'Oh Gloria de las Glorias' o 'Oh Gloria del Todo Glorioso'.

5- *Paraíso:* Jardín Celestial; estado de bienaventuranza. La Manifestación es "El Ruiseñor del Paraíso"; Su Revelación, "el susurro de las hojas del Paraíso"; "El amor de Dios" es en sí mismo el Paraíso.

6- *Párán:* Cadena de montañas situadas al norte del Sinaí y al sur de Seir; todas ellas consagradas como lugares de revelación. Temán queda al noroeste de Edom, no lejos de Párán. Véase Hab. 3:3. Moisés usa "Párán" refiriéndose en especial a Muḥammad y "Seir" refiriéndose a Jesucristo. "Dijo: 'El Señor vino de Sinaí y de Seir salió a ellos; resplandeció desde la montaña de Párán y vino con diez mil santos; con ley de fuego en Su diestra para ellos'." (Deut. 33:2.) Aquí predice Moisés la venida de tres de revelaciones y tres profetas después de él, siendo el último de ellos Bahá'u'lláh. Ismael (Gén. 21:21) estableció los pueblos árabes en Párán.

7- *Quintaesencia:* Supuesta *quinta* esencia, la del cielo, además de los cuatro elementos de la tierra; por lo tanto, última o más alta esencia de algo.

8- *Sabá:* Ciudad de la Arabia meridional; citada en Génesis 10:28; I Reyes 10; II Crónicas 9. Simbólicamente significa morada, hogar.

9- *Sadratu'l-Muntahá:* Nombre de un árbol que los árabes plantaban antiguamente al final de un camino, para que sirviera de guía. Como símbolo denota a la Manifestación de Dios en Su Día. En los Escritos Bahá'ís, un símbolo de la Manifestación de Dios, el 'Árbol más allá del cual ni los hombres ni los ángeles pueden pasar'; específicamente, Bahá'u'lláh. Algunas veces es denominado el Divino o Sagrado Árbol del Loto. 'Árboles de Loto Gemelos': el Báb y Bahá'u'lláh.

10- *Sagrados recintos de Zamán:* Sagrados recintos del tiempo.

11- *Satánico:* En los Escritos Bahá'ís, los términos 'satán' y 'satánico' se usan metafóricamente para referirse al lado más bajo, vil y egoísta de los seres humanos en contraste con su aspecto más alto, virtuoso y desinteresado.

Los bahá'ís no creen que el mal se origina en una criatura llamada Satán pero sí en que la capacidad para acciones 'satánicas', al igual que la capacidad para el bien, existe en el hombre mismo. Bahá'u'lláh explica: 'Sabed en verdad que el conocimiento es de dos clases: Divino y Satánico. El uno mana de la fuente de divina inspiración; el otro es sólo un reflejo de pensamientos vanos y obscuros. El origen del primero es Dios mismo; la fuerza motriz del segundo, los susurros de deseos egoístas.

12- *Tabla*: Término que designa una epístola sagrada que contiene una revelación. Se menciona en el Qur'án (7:142), que Dios dio la Ley a Moisés en tablas: "Y le escribimos en tablas [alwaḥ, plural de lawḥ] advertencias sobre todo asunto". En los Escritos Bahá'ís se usa este término en el título de algunos Escritos revelados por Bahá'u'lláh y 'Abdu'l-Bahá. También se usa para referirse de una forma genérica a sus obras escritas.

13- *Vino*: Aunque el beber alcohol está prohibido en el *Kitáb-i-Aqdas*, el vino se usa frecuentemente como una metáfora en los Escritos Bahá'ís: 'El sello del Vino escogido de Su Revelación ha sido roto en este Día y en Su Nombre, el Auto Suficiente. Su gracia se está vertiendo sobre los hombres. Llena tu copa y bébela en Su Nombre, el Más Santo, el Todo Alabado.